Emil Schiff

Pierre Jean Georges Cabanis der Arzt und Philosoph

(1757-1808)

Ein Beitrag zur Geschichte der neueren Medizin und Philosophie

Emil Schiff

Pierre Jean Georges Cabanis der Arzt und Philosoph (1757-1808)
Ein Beitrag zur Geschichte der neueren Medizin und Philosophie

ISBN/EAN: 9783743605084

Hergestellt in Europa, USA, Kanada, Australien, Japan

Cover: Foto ©berggeist007 / pixelio.de

Weitere Bücher finden Sie auf **www.hansebooks.com**

Pierre Jean Georges Cabanis
der Arzt und Philosoph.
(1757—1808).

Ein Beitrag zur Geschichte der neueren Medicin und Philosophie.

INAUGURAL - DISSERTATION
WELCHE ZUR

ERLANGUNG DER DOCTORWÜRDE

IN DER

MEDICIN UND CHIRURGIE
MIT ZUSTIMMUNG DER MEDICINISCHEN FACULTÄT

DER

FRIEDRICH-WILHELMS-UNIVERSITÄT ZU BERLIN

am 2. August 1886

NEBST DEN ANGEFÜGTEN THESEN

ÖFFENTLICH VERTHEIDIGEN WILL

der Verfasser

EMIL SCHIFF
aus Raudnitz (Böhmen).

OPPONENTEN:

Herr Drd. med. A. HEIMANN.
„ Cand. med. F. KEIBEL.
„ Dr. W. FLIESS, pract. Arzt,

BERLIN.
Druck von H. S. Hermann
Beuth-Strasse 8.

Alle Rechte vorbehalten.

Dem theuren Andenken

meiner edlen, innigst geliebten, mir am 28. December 1885

durch einen plötzlichen Tod entrissenen Schwester

FLORA

gewidmet.

> Auch Vergangenes zeigt euch Bakis; denn
> selbst das Vergangne
> Ruht, verblondete Welt, oft als ein Räthsel
> vor dir,
> Wer das Vergangene kennte, der wüsste das
> Künftige; beides
> Schliesst an heute sich rein, als ein Vollendetes an.
>
> Goethe,
> Weissagungen des Bakis.

In der markigen Bildersprache seines wuchtigen Pathos nennt Thomas Carlyle die französische Revolution „the crowning phenomenon of moderntimes". Wohl durfte sie der Geschichtsschreiber als die krönende Erscheinung neuerer Zeiten bezeichnen. Denn nicht nur ging von ihr die Umwandlung des europäischen Staatensystems aus despotischen in constitutionell regierte Staaten aus, sondern mit ihr hebt in manchem Betracht auch eine neue Zeit geistigen Schaffens an. Dieselbe ist allein mit dem Namen der Encyclopädisten nicht genügend bezeichnet, welche nicht aussschliesslich die Bahnbrecher jener Umwälzung gewesen sind, sondern es regt sich von der zweiten Hälfte des 18. Jahrhunderts an in Frankreich, wie auch in Deutschland auf dem Gebiete verschiedener Einzelwissenschaften, namentlich der mathematischen und der Naturwissenschaften, ganz besonders der Medicin ein neuer Geist freier, von alter Schulschablone sich losreissender Forschung. In Deutschland ist der Beginn dieser Epoche an den

Namen Albrechts von Haller, des Begründers der rationellen, experimentalen Physiologie geknüpft; nur dass hier Hallers unmittelbare Nachfolger nicht auf der Höhe des von ihm gemachten Fortschrittes zu bleiben verstanden. In Frankreich hingegen war es die neue Schule von Montpellier, welche im Geist exacter Forschung zu wirken begann und das Glück hatte, diesen Geist auf die nächsten bis in unser Jahrhundert herüberreichenden Generationen fortzuerben, so dass die grossen Chirurgen und Aerzte am Schluss des vorigen Jahrhunderts, die Desault, Dupuytren, Corvisart, Chopart, Petit, ebensowohl wie die grossen Kliniker in der ersten Hälfte des unsrigen, die Pinel, Broussais, Bouillaud, Laënnec, so sehr sie sich auch von einander unterschieden, doch als Nachfolger jener Schule angesehen werden dürfen. Während die deutschen Nachfolger Hallers aus seiner bedeutsamen Entdeckung der Irritabilität der Muskelfaser und der Unterscheidung derselben von der Sensibilität der Nerven einen unkenntlichen Wirrwarr dialectischer Begriffe gemacht hatten, führten die gleichen Lehren die französischen und englischen Theoretiker zu einer schärferen Sonderung der vitalen Bewegungsvorgänge, zur entschiedenen Betonung der Rolle des Nervensystems in der Pathologie, welche sie später allerdings einseitig überschätzten und endlich im Verein mit der positiven Richtung der Encyclopädisten zu einer nüchternen Betrachtung der einzelnen Thatsachen, namentlich zu einer sorgsamen, ruhigen Analyse der Krankheitsbilder. Hierin bestand vorwiegend das Verdienst Bordeu's, Barthez' und hervorragender Practiker, wie Trouchin, deren Beziehungen zur Encyclopädie uns in Diderots „Rêve de D'Alembert", wo Bordeu, der Arzt des

Mathematikers, neben Fräulein von l'Espinasse redend eingeführt ist und in Rousseau's Schriften, dessen Arzt Trouchin war, überliefert sind.

Während nun Bordeus eigentliche Blütezeit ungefähr in die Mitte, diejenige Barthez', in die siebenziger und achtziger Jahre des 18. Jahrhunderts fällt, ist die eigentliche Revolutionszeit, die erste Republik, das Consulat und der Anfang des ersten Kaiserreichs durch die grossen Namen Bichats, des Begründers der allgemeinen Anatomie und Physiologie im heutigen Sinn, Pinels, der in seiner „Nosographie philosophique" bereits von der Gleichartigkeit der Gewebe im ganzen Körper ausging und später als Reformator der Psychiatrie Epoche machte, endlich durch Corvisart, den grossen Kliniker und Lehrer Laënnecs bezeichnet. Diese jugendlichen Talente bedeuten die französische Revolution in der Medicin. Aber neben ihnen wirkte noch eine Gruppe anderer hervorragenden Geister, wie Jene aus der Sphäre der Encyclopädie hervorgegangen und von dem frischen Hauch getragen, den die Revolution eine Zeit lang besonders den Naturwissenschaften mittheilte, deren Name indess bisher von dem Ruhm der Bichat und Pinel verdunkelt wurde. Es waren dies Richerand, wie Bichat Schüler des grossen Chirurgen Desault und gleich ausgezeichnet als Physiologe, Histologe und chirurgischer Patholog, und Cabanis, welcher den Vermittler zwischen der Philosophie der encyclopädistischen Schule, namentlich des Condillacschen Sensualismus und der empirischen Medicin der Schule von Montpellier, zugleich aber auch den Uebergang zwischen den medicinischen Anschauungen des achtzehnten zu denen des neunzehnten Jahrhunderts bildet. Diesem Letzteren sollen die folgenden Seiten gewidmet sein. Den Geschichtsschreibern als der Arzt und Freund Mirabeaus, den Philosophen durch sein Hauptwerk „über die Beziehungen des Physischen und Geistigen im Menschen" als der erste Begründer einer physiologischen Psychologie längst bekannt, ist er von der medicinischen Welt auch des eigenen Landes, vielleicht gerade wegen seiner nicht zunftgemässen Universalität und philosophischen Höhe, bisher mehr achtungsvoll genannt als gekannt gewesen.

Indessen hat uns ein genaueres Studium seiner Schriften gelehrt, dass Cabanis nichts weniger als ein blosser medicinischer Schöngeist oder Dilettant gewesen, dass er vielmehr Arzt mit Leib und Seele war, den ganzen Wissensschatz seiner Zeit besass und kritisch beherrschte, in seinen eigenen wissenschaftlichen Anschauungen dagegen derselben vielfach vorauseilte und mit vorahnender Geisteskraft manche Ideen und Anschauungen zum Ausdruck brachte, welche auszusprechen und durch die Erfahrung zu begründen erst der Wissenschaft der letzten Jahrzehnte vorbehalten war. Heute, wo so manche fundamentale Gedanken Bichats und Pinels, welche zu ihrer Zeit den älteren Cabanis überstrahlten, längst überholt sind, verdient vielleicht gerade er, der unseren heutigen Anschauungen näher steht, durch eine kurze Uebersicht über sein Leben und seine Schriften dem Gedächtniss der Nachwelt näher gebracht zu werden.

Mehr als irgend einer seiner medicinischen Zeitgenossen wurzelt gerade dieser Mann in dem Kreis der Encyclopädisten. Pierre Jean Georges Cabanis war 1757 als der Sohn eines geachteten Advocaten zu Conac bei Brive im Departement de la Corrèze geboren, zeigte schon in frühen Jahren lebhaftes literarisches Interesse, litt aber im Collége von Brive so sehr unter der Härte eines seiner Lehrer, dass er lernfaul und widersetzlich wurde und schliesslich seinem Vater zurückgeschickt werden musste. Der erzürnte Vater brachte ihn nach Paris, wo die gewonnene Freiheit sehr günstig auf seine Lernbegierde einwirkte. Er beschäftigte sich viel mit Poesie und hörte philosophische Curse. Vielleicht fällt schon in diese Zeit — er war fünfzehn Jahre alt — bereits seine Beschäftigung mit deutscher Dichtung, obschon seine Uebersetzung von Goethes Stella erst 1797 erschien. Nach zwei Jahren von seinem Vater zurückgerufen, zog der Sechzehnjährige es vor, als Secretär eines polnischen Prälaten, Monsignor Massalski, Bischofs von Wilna, nach Polen zu gehen, wo seine Anwesenheit mit dem polnischen Reichstag, welcher über die erste Theilung Polens zu beschliessen hatte, zusammenfiel. Nach zwei Jahren kehrte er in verdüsterter Stimmung, früh an Erfahrungen und Menschenkenntniss reich, nach Paris zurück. Hier wurde er Turgot, dem berühmten Staatsmann, einem Freunde seines Vaters, vorgestellt. Eine Zeit lang befasste er sich noch mit poetischen Versuchen, ja er unternahm eine ganze Uebersetzung der Ilias, welche er dem greisen Voltaire vorlegte, ohne jedoch viel Ehre damit einzulegen. Philosophische und naturwissenschaftliche Interessen, wie sie damals alle regen Geister beschäftigten, führten ihn endlich zum Studium der Medicin. Er wurde ein treuer Schüler des Klinikers Dubreuil, dessen klinische Vorträge er durch sechs Jahre hörte, und der ihn seiner Freundschaft würdigte. Dubreuil machte ihn mit Madame Helvetius bekannt, durch welche er den ganzen Kreis der Encyclopädie, Holbach, Diderot, D'Alembert, Condillac, hervorragende Ausländer, wie Benjamin Franklin und Jefferson, und besonders auch die nächste den Encyclopädisten folgende Generation, Condorcet, Laplace, Destutt-Tracy, Volney, Garat, kennen lernte. In diesen Kreisen wurden, wie wir aus Diderots geistvollen Berichten über die Unterhaltungen im Landhause Holbachs wissen, zu jener Zeit alle Fragen der Biologie, wenn auch nicht mit der Würde strenger Wissenschaft, so doch mit Geist und Interesse von Männern und Frauen durchgesprochen und hier dürfte auch Cabanis die Anregung empfangen haben, in seinen medicinischen Studien vornehmlich die allgemeinen Fragen stets im Auge zu behalten.

Dem Beginn der französischen Revolution schloss er sich mit dem ganzen Enthusiasmus eines für die sociale Hebung seiner Mitmenschen begeisterten Mannes an. Er lernte Mirabeau kennen, der sich eng mit ihm befreundete, nur seinem ärztlichen Rath folgen wollte und sich seines Beirathes auch in politischen Fragen bediente. Als Mirabeau 1791 erkrankte, um nicht wieder zu genesen, weigerte er sich trotz der dringendsten Bitten seines Freundes Cabanis irgend einen andern Arzt zu consultiren, ja auch nur zu sehen. Cabanis erzählt eine für den Geist der Zeit höchst bezeichnende Anecdote über die Art, wie er den grossen Volksmann schliesslich doch dazu brachte, sich den Beirat des berühmten Practikers Antoine Petit gefallen zu lassen. Alles, was Cabanis über dessen Tüchtigkeit und zum Ruhme seines Charakters beibrachte, war vergeblich gewesen. Da erzählt Cabanis, Petit habe eines Tages, als die Königin ihn wegen einer Erkrankung des Dauphins in ihrem Wagen abholen lassen wollte, sich geweigert zu kommen; als die Königin ihm bei seinem nächsten Besuche hierüber Vorwürfe machte, habe Petit geantwortet, er sei durch eine kreissende Bäuerin, welche sich in der höchsten Gefahr befunden habe, zurückgehalten worden. „Und deshalb," fragt die Königin, „haben Sie meinen Sohn im Stich gelassen?" „Ich habe ihn nicht im Stich gelassen," erwiderte Petit; „und wenn es der Sohn eines Ihrer Stallknechte gewesen wäre, ich hätte ihn nicht besser behandelt." Diese Anecdote gefiel Mirabeau dermassen, dass er erklärte, diesen Mann wenigstens kennen lernen zu wollen. Als Petit bei ihm eintrat, empfing ihn der Todtkranke mit den Worten: „Mein Freund und Arzt hat mir von Ihnen Worte berichtet, welche in gewissem Sinn die ganze französische Revolution enthalten und welche beweisen, dass Sie mitten unter unseren socialen Einrichtungen und ungeachtet Ihrer seltenen Bildung doch der Mann der Natur geblieben sind. Ich habe also geglaubt, dass solch ein Mann, wenn ich das Glück gehabt hätte ihm zu begegnen, mein Freund geworden wäre. Dies hat mich bestimmt Sie jetzt zu sehen." Wir berichten trotz des engen Rahmens dieser biographischen Skizze diese Anecdote, weil sie ein sprechender Beleg ist für die merkwürdige Mischung von tiefem Gefühl, wahrem Pathos, von Heroismus und zugleich von theatralischem Wesen, welches das Gefühlsleben auch der Aufgeklärtesten jener Zeit und der Aerzte nicht zum Wenigsten kennzeichnete.

Cabanis zählte übrigens, obschon er nie für etwas anderes als für Aufklärung, Geistesfreiheit und sociale Hebung der ärmeren Classen das Wort ergriffen, nicht zu den radicalen Anhängern der

Revolution. Nach Mirabeaus Tode blieb er intim befreundet mit dem Philosophen Condorcet. Als dieser dem Schreckensregiment zum Opfer fiel, wurde Cabanis dessen literarischer Testamentsvollstrecker und heiratete später die Schwägerin desselben, Mademoiselle de Grouchy, die Schwester des Marquis de Grouchy, des nachmaligen Marschalls von Frankreich. In den folgenden Jahren lebte Cabanis zurückgezogen auf dem Lande, beschäftigte sich hier vornehmlich mit der Reorganisation des medicinischen Unterrichts, wurde 1796 zum Mitglied des Institut national, 1797 zum Professor der klinischen Medicin an der Pariser medicinischen Schule ernannt und im nächsten Jahre Repräsentant des Volkes im Rath der Fünfhundert. Seine politischen Anschauungen hatten mittlerweile keine geringe Wandlung durchgemacht. Wenigstens ist es ein ziemlich weiter Schritt von dem Verfasser des in Mirabeaus Nachlass gefundenen „Travail sur l'éducation publique", worin Cabanis seinem Freunde einen von Gleichheit, Freiheit und Volkssouveränetät überströmenden Entwurf eines Unterrichtsgesetzes ausgearbeitet hatte, nach welchem unter Anderem der Thronfolger als Kind der Nation und unter steter Controle der Volksvertretung erzogen werden sollte, bis zu dem Cabanis, welcher dem General Bonaparte bei dem Staatsstreich vom 18. Brumaire als einer der thätigsten Berater behilflich war. Neben Lemercier, Courtois, Boulay, Lucian Bonaparte und Anderen gehörte Cabanis zu den Auserlesenen, welche Bonaparte für diesen Gewaltstreich ins Vertrauen zog,*) und auf seinen Antrag erklärte der Rath der Fünfhundert

---

*) Wachsmuth, Zeitalter der Revolution, Bd. III, 185.

das Directorium für aufgehoben. Man kann sich, da Cabanis von seinen früheren Ideen auch später nicht abwich, diese Haltung nur aus der tiefen Enttäuschung erklären, welche alle edler Denkenden über den Gang der Revolution ergriffen hatte, und von der sich namentlich die medicinisch Gebildeten mit dem Gefühl abwenden mussten, dass die so schön begonnene Erhebung des französischen Geistes mit der Schreckenszeit, welche Männer wie Lavoisier und Condorcet in den Tod sandte, den Character einer epidemischen Geistesstörung angenommen habe. Der erste Consul berief Cabanis in den Erhaltungssenat, machte ihn zum Professor der Hygiene und zum Commandanten der Ehrenlegion; indes blieb Cabanis seinen alten Ueberzeugungen treu; er, der 1798 bei einem Vortrage Bernardins de St. Pierre im Institut über Religion und Moral dazwischen rief: „Ich schwöre, dass es keinen Gott giebt und ich begehre, dass sein Name nie in diesen Räumen genannt werde"*), konnte an dem religiös-cäsarischen Gepränge, mit welchem Napoleon sein Kaiserthum zu umgeben suchte, kein Gefallen finden und sprach sich höchst geringschätzig über die Errichtung des neuen Hofstaates aus.**) Er zog sich zurück, lebte noch einige Jahre auf dem Lande seinen philosophischen und medicinischen Studien und starb am 5. Mai 1808 zu Rueil bei Meulan an einer Apoplexie, nachdem ein bereits ein Jahr früher voraufgegangener Schlagfluss seine Gesundheit erschüttert hatte.

Cabanis, welcher noch in neuester Zeit unter den Philosophen als einer der consequentesten Materialisten und Atheisten, je nach dem Standpunkt

---
*) Wachsmuth, Zeitalt. d. Revol., Bd. III, 296.
**) Wachsmuth, Ebendas., Pag. 322.

der Urtheiler, berühmt oder verschrien war, war eine weiche, fast empfindsame Natur, alle seine Biographen rühmen ihm seltene Einfachheit, Herzensgüte und innere Vornehmheit nach; sein ganzes öffentliches und literarisches Wirken erscheint von reinster Menschenfreundlichkeit geleitet. Den besten Aufschluss darüber wird uns eine Uebersicht seiner Schriften liefern, von denen wir jedoch seine literarischen Jugendarbeiten, welche in die Sammlung seiner Werke nicht aufgenommen wurden und welche sich der Verfasser nicht zu verschaffen vermochte, ausnehmen müssen und als inhaltlich unwichtig wohl auch ausnehmen dürfen. Für den Umfang der Thätigkeit dieses universell gebildeten Geistes ist indessen auch die Kenntniss des Gegenstandes dieser frühen Schriften von Cabanis nicht ohne Interesse und so mögen die Titel derselben, so wie sie von Guinguené in dessen Lebensbeschreibung von Cabanis in der Biographie universelle, der besten, welche über ihn geschrieben worden, angeführt sind, hier aufgezählt sein. Es waren dies: „Mélanges de Littérature allemande", bestehend aus einigen Uebersetzungen aus dem Deutschen, nämlich sechs kleinen Schriften von Meissner, Goethes „Stella", die Uebersetzung einer englischen Elegie von Gray, eine Idylle von Bion über den Tod des Adonis, welche 1797, der Madame Helvetius gewidmet, erschienen, und endlich die Uebersetzung der Ilias, welche ungedruckt geblieben ist. Einige Fragmente dieser Uebersetzung sind jedoch, zusammen mit einem längeren Briefe über die Homerischen Schriften in den fünften Band der Gesammtausgabe von Cabanis' Schriften, welcher die Oeuvres Posthumes enthält, aufgenommen worden.

Alle übrigen Schriften von Cabanis sind wissenschaftlichen Inhalts; wir wollen dieselben zunächst nach der Zeit ihres ersten Erscheinens hier aufzählen:
1. Observations sur les hôpitaux, 1789.
2. Journal de la maladie et de la mort de Mirabeau, 1791.
3. Quelques principes et quelques vues sur les secours publics, 1793.
4. Travail sur l'éducation publique, 1791; im Nachlass Mirabeaus gefunden, aus vier Reden über öffentlichen Unterricht, öffentliche Staatsfeste, Errichtung eines nationalen Lyceums, und über Erziehung der Könige, sowie dem Entwurf eines Decrets über Erziehung des Thronfolgers bestehend.
5. Ueber den Grad der Gewissheit in der Medicin, 1797. Du degré de la certitude de la médecine 1797.
6. Rapports fait au conseil des Cinq-Cents sur l'organisation des écoles de médecine, 1799.
7. Cabanis' Hauptwerk, die eigentliche Quelle seines literarischen Rufes: Rapports du physique et du moral de l'homme, über die Beziehungen des Physischen und Geistigen im Menschen, eine Reihe von zwölf an das Institut gerichteten Mémoires, wovon der Verfasser die sechs ersten in der Classe der moralischen und politischen Wissenschaften 1796 und 1797 zur Verlesung brachte. 2 Bände, 1802, 8°.
8. Coup d'oeuil sur les révolutions et la réforme de la médecine, 1804.

9. Observations sur les affections catarrhales, 1807.
10. Note sur le supplice de la guillotine, erschienen im Jahre IV der Republik [1797] zuerst veröffentlicht im Magazin Encyclopédique.
11. Note sur un genre particulier d'apoplexie, ohne nachweisbare Jahreszahl.

Von den vorgenannten Schriften veranstalteten Didot und Bossange 1823 eine Gesammtausgabe in vier Bänden, wovon die ersten beiden die kleinen Schriften, die beiden letzten das Hauptwerk, die Rapports du physique et du moral enthalten. 1825 folgte ein Band „Oeuvres posthumes" nach, enthaltend eine „Lettre sur les causes premières à S... [Fauriel]", eine Einleitung und eine Schlussrede zu einem Cursus von Vorlesungen über Hippocrates, ein Eloge auf den Arzt Vicq d'Azyr, eine biographische Skizze über Benjamin Franklin, die bereits angeführten Fragmente einer Iliasübersetzung und die Schrift über die homerischen Gedichte, endlich ein „Serment d'un médecin", eine poetische Paraphrase des Eides des Hippocrates.*)

In unserer Darstellung wollen wir uns nicht an diese Reihenfolge halten, auch nicht systematisch die medicinischen Ansichten Cabanis' darzustellen suchen, da einer seiner wesentlichen literarischen Charakterzüge darin besteht, dass es keinem der

---

*) In der folgenden Darstellung sind die Schriften C.'s ausser No. 7 nach der Gesammtausgabe, die Rapp. sur le phys. et le moral nach der trefflichen mit Biographie und wissenschaftlicher Einleitung versehenen Ausgabe von Cerise (Paris 1863) citirt. Lange's Gesch. d. Mater. nennt denselben consequent, offenbar in Folge eines Druckfehlers: Peisse.

vielen Systeme des vorigen Jahrhunderts anhing, sondern die Beobachtung und die Thatsachen über Alles stellte; wir wollen zunächst seine historisch-medicinischen Schriften, sodann die Abhandlungen zur öffentlichen Medicin, darnach die wenigen speciell medicinischen Schriften besprechen um schliesslich in der Wiedergabe und Beleuchtung einiger Hauptgedanken aus den „Rapports du physique et du moral" ein Bild von den Ansichten Cabanis' über die wichtigsten Grundfragen der Biologie zu gewinnen.

I.

Die Schrift über „die Revolutionen und die Reform der Medicin" bietet eine kritische Uebersicht über die wichtigsten Phasen in der Entwickelung der Wissenschaft. Wie Cabanis überhaupt ein begeisterter Verehrer des Hippocrates ist, gleich Bordeu, dem Haupt der Schule von Montpellier, so ist natürlich für ihn auch Hippocrates der einzige bedeutende Arzt des Alterthums, neben welchem er eigentlich nur Galen als einigermassen ebenbürtig gelten lässt. Nach Galen und der durch grosse Unfruchtbarkeit sich kennzeichnenden Medicin des christlichen Mittelalters sieht Cabanis erst in den Arabern beachtenswerthe Förderer der Heilkunde, vermisst aber bei ihnen die vornehme Einfachheit des Hippocrates. Von einzelnen Forschern erwähnt er besonders Rhazes als den ersten Beschreiber der Blattern. Doch lasse die Renaissance später die Inferiorität der Araber und ihre Abhängigkeit von griechischen Mustern erkennen. Cabanis hebt auch den Antheil der Juden an der Medicin des Mittelalters hervor; er bezeichnet sie als die einzigen, welche zur Zeit der Araber die griechischen Aerzte im Original verstanden.*) Auch seien sie gute Practiker gewesen. Cabanis will jedoch die Ansicht des Huartes von der besonderen Eignung der Juden für die Medicin in dieser Allgemeinheit nicht gelten lassen, führt aber an, dass Carl der Grosse, Carl der Kahle, Franz der Erste von Frankreich jüdische Aerzte gehabt hätten und dass der Letztere sogar einen ihm von Carl V. empfohlenen Arzt als des Christenthums verdächtig zurückschickte. Vom 12. Jahrhundert an habe die Priesterherrschaft im ärztlichen Stande die Juden aus der Medicin verdrängt; erst Ende des 15. Jahrhunderts hätten dieselben mit dem Nachlassen der Verfolgungen wieder Eingang in dieselbe gefunden und zwar zuerst in den Niederlanden, dann in Deutschland.

Von besonderem Interesse ist Cabanis' Stellung zu den Aerzten des siebzehnten Jahrhunderts, weil wir hier am besten sein kritisches Verhalten gegenüber den einseitigen Systematikern, seine auf das streng Erfahrungsgemässe hinarbeitende Richtung und zugleich doch auch das Bestreben wahrnehmen können, auch aus den Irrgängen abstracter Systematik den Kern von Wahrheit herauszufinden. Nichts ist hiefür bezeichnender als seine Beurtheilung Stahls. Er hält Stahl für den grössten medicinischen Geist seit Hippocrates; er bedauert nur, dass Stahl durch die Dunkelheit seiner Sprache seinen Gegnern selbst so viele Angriffspunkte dargeboten habe. Dem Ani-

---

*) Diese Würdigung der jüdischen Aerzte durch Cabanis ist auch neueren Historikern bekannt, vgl. Draper, Hist. of the intellectual development of Europe, II., 120, wo sich überhaupt S. 120-127 eine genauere Charakteristik der jüdischen Medicin in Südeuropa vom 11.--13. Jahrhundert findet.

mismus Stahls schliesst sich Cabanis nicht an; da er ihn aber für einen der exactesten Köpfe hält, sucht er Stahls animistische Ansicht mit seiner eigenen nüchterneren vom Leben zu versöhnen. Da dies die klarste Stelle ist, wo Cabanis über das Leben sich ausspricht, so wollen wir sie genauer wiedergeben. Er sagt Band I, 123: „Die Erscheinungen des Lebens hängen von einer Ursache ab, oder genauer gesprochen sind die Folge einer anderen vorhergehenden Thatsache, welche wir durch die mit ihr verbundenen auf sie folgenden Thatsachen kennen, das heisst nur durch diese Phänomene selbst. Diese Ursache hat zu den verschiedensten Epochen der Medicin und der Philosophie die verschiedensten Namen erhalten. Hippocrates nannte Triebkraft: $\dot{\epsilon}\nu o\varrho\mu\tilde{\omega}\nu$; sie ist später nacheinander Seele, Sensibilität, lebendes Solidum, Nervenkraft, Lebensprincip genannt worden;" erst eine Folge späterer Unterscheidung sei die Trennung der Lebensseele von der Seele als Trägerin der geistigen Thätigkeiten gewesen. Stahl habe damit nur die Einheit der Lebensvorgänge bezeichnen wollen; „unter allen Namen, die sich darboten, um das bewegende Princip der belebten Körper zu bezeichnen, wählte Stahl das Wort Seele und aus folgendem Grunde: Nach ihm ist dieses Princip Eins; es wirkt in gleicher Weise auf alle Organe und die Unterschiede, welche man in ihren Operationen und ihren Producten sieht, hängen von der Structur der Theile ab, welche gewissermassen das Princip selbst modificirt. Es verdaut im Magen, athmet in der Lunge, filtrirt die Galle in der Leber, denkt im Kopf und in den wichtigsten Dependenzen des Centralsystems. Solches war die Lehre mehrerer alten Philosophen, so auch die eines der ersten Kirchenväter, des heiligen Augustinus, welcher sie in klarer und scharfsinniger Weise in seiner kleinen Schrift: „De quantitate animae" auseinandersetzt." In dieser Gestaltung der Ansicht Strahls durch unseren Autor liegt vielleicht der erste Keim des vielbesprochenen Gleichnisses Vogts, dass die Gedanken erzeugende Thätigkeit des Hirns keine andere sei als die Secretion der Galle durch die Leber, oder des Harns durch die Nieren, welches Du Bois-Reymond in seiner Rede über die Grenzen des Naturerkennens (1872) mit Recht auf Canabis zurückgeführt hat, der in seinem Hauptwerke eine analoge, nur mehr citirte als gekannte Aeusserung thut. Wir werden noch auf dieselbe zurückzukommen haben, können indess schon hier bemerken, dass diese Anschauung, welche als Gipfel materialistischer Denkweise angesehen worden ist, geradezu von animistischen Ansichten, wie das Vorstehende zeigt, ihren Ausgang genommen hat.

Auch dem van Helmont weiss Cabanis gute Seiten abzugewinnen. Die Theorie dieses mystischen, phantastischen Holländers vom Archäus, der im Magen sitzt, den Leib beherrscht und von da aus die untergeordneten Archaei, die kleinen Unterleibsgeister regiert, sieht Cabanis nur als den figürlichen Ausdruck der Erkenntniss von der grossen Bedeutung der Unterleibsorgane und des Verdauungsapparates an, sowie der verschiedenen Sensibilitätscentra[*]) der einzelnen Organe, welche dann in specifischer Weise den ganzen Organismus beeinflussen. Er rühmt van Helmonts Schrift über die Steinkrankheit, ferner seine chemischen Verdienste; ihm verdanke man die erste

---

[*] Cabanis neigte nämlich selbst zu der Annahme solcher Centren für die grossen Organe des Rumpfes ausser dem Hirn.

Kenntniss der luftförmigen Körper, für welche auch die noch heute übliche Bezeichnung „Gase" von van Helmont herrühre. Von Harvey, dem Entdecker des Blutkreislaufs, datirt Cabanis natürlich eine neue Aera der Physiologie, constatirt jedoch, dass seine Entdeckung durch Missverstand zu der Wut der Aderlässe führte und so in der Praxis zunächst wenig nützte. Sehr hoch stellt Cabanis Sydenham, dessen Freundschaft mit Locke er besonders betont; er kennzeichnet ihn als guten Practiker, scharfen Beobachter und Feind von Theorien. Von seiner hohen Verehrung Stahls, der mit Hoffmann das Ende des siebzehnten und das erste Drittel des achtzehnten Jahrhunderts medicinisch beherrschte, haben wir bereits gesprochen; Cabanis stellt Stahl auch als Practiker hoch und erklärt, dass er ihm auch für die eigene Praxis viel verdanke. Als eigentliche Animisten sieht Cabanis jedoch erst Stahls Schüler an und stellt ihnen den Hallenser Professor Friedrich Hoffmann als Begründer der Lehre, dass die festen Substanzen der Sitz der Lebensprocesse seien: [der Kern der Hoffmannschen Lehre vom „Solidum vivens", daher bekanntlich der Name der Solidisten] gegenüber. Cabanis erwähnt sodann die Nachfolger Hoffmanns, welche seine und Stahls Ansichten zu vereinigen suchten, die Semianimisten Gorter, Gaubius, Sauvages. Viel weniger als die meisten der Vorgenannten schätzte Cabanis den berühmten Boerhaave, worin er mit neueren Urtheilern sich begegnet. Das Ende des 18. Jahrhunderts sieht Cabanis beherrscht durch die mehr eclectische aber hauptsächlich solidistische Schule von Montpellier und deren Hauptvertreter Bordeu. In ihr sieht er die Zukunft der Medicin.

Der zweite Theil dieser Schrift befasst sich mit

der Reform der Medicin und hier lernen wir die werthvollen Ansichten des Autors über medicinischen Unterricht und die Aufgaben der Heilkunde bereits zum Teil kennen. Er betont schon hier den klinischen Unterricht; denn nur am Krankenbett, welches unauslöschliche Gesammtbilder der Krankheiten erzeugen solle, seien die Regeln für die Ausübung der Heilkunde zu gewinnen. (Bd. III. 177.) Am besten ist Cabanis' medicinische Grundansicht aus der von ihm angeführten Aeusserung des berühmten englischen Practikers John Pringle, welcher er sich vollkommen anschliesst, zu entnehmen; wir führen diesen Ausspruch, der noch heute seinen Wert hat, mit Cabanis' Worten an*): „Pringle disait que la médecine était depuis les Grecs jusqu'à nous une science où sur peu de faits l'on faisait beaucoup de raisonnements, et qu'il fallait, au contraire, à l'avenir, y faire peu de raisonnements sur beaucoup de faits." Cabanis verlangt das Aufgeben der leeren Hypothesen und Systeme und die Ueberprüfung sämmtlicher bisherigen Tatsachen der Medicin; für die Anatomie und Physiologie hatte bekanntlich Haller, für die pathologische Anatomie zum grossen Theil Morgagni sich dieser Aufgabe unterzogen. Unter Anderem giebt Cabanis eine Uebersicht der Aufgaben der Anatomie und stellt dabei u. A. nebenher die Vermuthung auf, dass die Häute der Arterien nicht nur Gefässe und Nerven, sondern auch Muskelfasern haben, wozu ihn auf dem Wege der Analogie seine eigenen Wahrnehmungen bei grossen Tieren führten. Bezüglich einzelner practischer Disciplinen bemerkt Cabanis, die Chirurgie habe, weil die Vor-

---

*) Là, Vol. I., 224.

lesungen darüber immer notwendiger Weise angesichts der Objecte gehalten würden, weniger als andere Zweige der Medicin Gelegenheit zu Ausartungen des Charlatanismus und zu Verirrungen der Einbildungskraft gegeben. Auch von der materia medica erklärt Cabanis, dass sie am Besten am Krankenbett studirt werde. Bezüglich der Chemie führt er zwar (I S. 315) den Satz Stahls an: „Chimiae usus in medicina nullus aut fere nullus", doch ahnte er ihre grosse Zukunft für die Medicin; nur müsse die neue medicinische Chemie nicht in Laboratorien, sondern am Bette der Kranken in grossen Krankenhäusern ausgearbeitet werden. Für die Botanik stellt er als nächste Aufgabe das Studium der feineren Anatomie und Physiologie der Gewächse auf, anstatt der geisttötenden Nomenclaturen.

Von den übrigen historischen Schriften Cabanis' gehören nur die beiden Vorträge über Hippocrates und das Eloge über Vicq-d'Azyr, den Anatom und Physiologen der Medicin an; bemerkenswerth sind bloss die ersteren durch die Begeisterung, mit welcher Cabanis den grossen Hellenen, hier wie überall in seinen Schriften, als ein Muster nicht nur der medicinischen Beobachtung und Methode, sondern auch als sittliches Vorbild eines Arztes immer wieder vor Augen führt. Die Nachrede auf Vicq-d'Azyr, der sich während der Revolutionszeit als Fachgenosse Boyers vornehmlich um eine mehr physiologische Behandlung der Anatomie und um die Herstellung guter Abbildungen verdient machte, ist ein Tribut pietätvoller Freundschaft, ohne auf selbständige Bedeutung Anspruch zu machen. Sehr anziehend, durch Einfachheit und Lebhaftigkeit der Darstellung sowie durch zahlreiche wenig bekannte Thatsachen ist die Biographie Benjamin Franklins im letzten Bande der Schriften; Cabanis war mit Franklin, als derselbe sich in Frankreich als der diplomatische Unterhändler der neu gegründeten Vereinigten Staaten aufhielt, in sehr freundschaftliche Beziehungen getreten und daher in der Lage, von dem grossen Bürger und Entdecker ein lebendiges und anziehendes Bild zu entwerfen, welches bei der umfassenden naturwissenschaftlichen Bildung Cabanis' noch den Vorzug hat, dass die physikalischen Arbeiten Franklins darin mit eingehender Sachkenntniss gewürdigt sind.

II.

Die Schriften Cabanis' über Gegenstände der öffentlichen Medicin scheinen uns deshalb Interesse darzubieten, weil er sich darin am meisten modernen Anschauungen nähert. Dieselben betreffen den medicinischen Unterricht und Fragen der öffentlichen Krankenpflege. Mit jenem befasst sich sein Bericht an den Rath der Fünfhundert über die Organisation der medicinischen Schulen. Wir sehen hier von den auf die Anzahl der medicinischen Anstalten bezüglichen Ausführungen ab und beschränken uns auf die den eigentlichen medicinischen Unterricht betreffenden Partien. Cabanis empfahl vor Allem für Paris die Errichtung eines Lehrstuhls der pathologischen Anatomie, indem er die Bedeutung des Materials einer grossen Stadt hervorhob, zweitens eine für den inneren klinischen Unterricht, drittens eine geburtshilfliche Klinik; bis dahin sei nicht daran gedacht worden, Geburtshilfe am Kreissbett zu lehren; viertens für physiologische Chemie, fünftens für Arzneimittellehre. Ferner fordert er eine Reform des klinischen Unterrichts durch Theilung der Pariser Klinik in zwei innere Kliniken und zwei für operative Medicin, da ein practischer Unterricht, besonders die Untersuchung der Kranken durch die Studirenden selbst nicht zu erwarten sei, wenn fünfhundert derselben hinter einem Professor einherliefen. „Die Schüler," sagt er treffend, als hätte er seine Beobachtungen in einer modernen weltstädtischen Klinik gemacht, „sehen nichts, lernen nichts, und die Kranken sind furchtbar belästigt und ermüdet. Man erinnert sich vielleicht bei Martial die Geschichte eines gewissen Symmachus gelesen zu haben, von dem der Dichter überdies versicherte, dass dieser Arzt oft denen das Fieber brachte, die es noch nicht hatten." Cabanis verlangte ausserdem in dem genannten Bericht an die Fünfhundert die Einführung eines besonderen Cursus der allgemeinen Methoden für das Studium und den Unterricht der Medicin, Pflege der gerichtlichen Medicin und strenge Ueberwachung des Geheimmittelschwindels. Ausserdem wünschte Cabanis, dass den Pariser medicinischen Schulen eine nationale Gesellschaft von Aerzten zur Seite gestellt werde, welche sich die Vervollkommnung aller Theile der Medicin und besonders des Unterrichts zur Aufgabe stelle.

Der allgemeine Aufschwung des Gemeinsinns, welchen die ersten begeisterten Jahre der französischen Revolution hervorriefen, brachte eine unglaubliche Fülle philantropischer und socialpolitischer Projecte von Leuten der verschiedensten Berufsclassen mit sich, deren Zahl im umgekehrten Verhältniss zu ihrem Werthe stehen musste, da die grosse Gährung eine Bevölkerung vorfand, welcher für eine sorgsame Durcharbeitung socialer und communaler Fragen jede Vorbildung fehlte. Daher jener abstracte und doctrinäre Zug aller derartigen Discussionen in der Revolutionszeit, welcher namentlich neuere Kritiker wie Taine zu einem so absprechenden Urtheil über die Revolution geführt hat. Jedenfalls gehört jene allgemeine Projectemacherei zu den culturhistorischen Characterzügen der Revolution für Jeden, der sich nicht ganz oberflächlich mit ihr befasst hat. Auch Cabanis folgte jenem allgemeinen Drange, indem er in seinen Schriften über die Hospitäler (geschrieben 1789—90, aber später erneuert), namentlich aber in der Schrift über die öffentliche Armenpflege „Sur les secours publics" theils hygienische, theils sociale Fragen behandelte; die Gesichtspunkte derselben sind indessen noch heute beachtenswerth, besonders in hygienischer Beziehung. Cabanis erweist sich hinsichtlich der Krankenhäuser vor Allem als eifriger Gegner der grossen Hospitäler und wir können in ihm insofern einen Vorgänger der Anhänger des Pavillonsystems erblicken, indem er die Decentralisation der grossen Pariser Hospitäler, wovon damals vier vorhanden waren, und deren Ersetzung durch kleine Krankenhäuser von höchstens 150 Betten forderte; er schrieb schon damals die grossen Verheerungen der contagiösen Krankheiten in den Hospitälern, vor Allem aber des Puerperalfiebers der Organisation dieser Anstalten zu, und wenn auch, nach Schröder (Lehrb. der Geburtshilfe, 8. Aufl., S. 745) schon Denman (1768) als der Erste die Ansicht aussprach, dass das Kindbettfieber zuweilen von Aerzten und Hebammen auf die Wöchnerinnen übertragen werde, so dürfte Cabanis doch jedenfalls einer der Ersten gewesen sein, welche die furchtbaren Verheerungen desselben in der Maternité des Pariser Hôtel Dieu der contagiösen Eigenschaft der Krankheit zuschrieben. Allerdings behandelte er diese Frage im Zusammenhang mit anderen infectiösen Krankheiten und verlangte in diesem Sinn auch für jeden Kranken ein besonderes Bett. Es gab nämlich damals im Hôtel Dieu nach seinen Mittheilungen noch zahlreiche Betten für vier, fünf, ja für sechs Kranke. Auch andere Missbräuche rügt Cabanis, so die schablonenhafte Ernährung, die Einrichtung, dass nur an bestimmten Tagen purgirt wurde, den Umstand, dass man das Pflegepersonal theilweise aus schlecht beleumundeten Subjecten entnahm, und er plädirt lebhaft für weibliches Wartepersonal, besonders der geistlichen Schwestern, denen er, der „Atheist", das wärmste Lob spendet. Einer Anmerkung zur Schrift über die Hospitäler entnehmen wir, dass seinem Wunsch mit den Pariser Hospitälern klinische Schulen zu verbinden im Jahre II der Republik entsprochen wurde; er hatte als Muster für klinischen Unterricht die italienischen Schulen und vor allem die Kliniken des von Josef II. gegründeten Wiener Allgemeinen Krankenhauses angeführt. Bis dahin war die von Cabanis' Lehrer Dubreuil am Marinehospital in Brest eingeführte Klinik die erste und wohl auch die einzige Anstalt der Art in Frankreich gewesen.

Es ist ferner wissenswerth, dass Cabanis schon früher als Pinel die Zwangsmassregeln gegen die Irren bekämpfte, dessen „Traité sur l'aliénation mentale" ein Jahr später als Cabanis' Schrift über die Hospitäler erschien. Schon in dieser verlangt er isolirte Behandlung der Maniacalischen und perhorrescirt alle Zwangsmassregeln gegen Irre, soweit sie nicht nothwendig seien, um die Kranken vor sich selber zu schützen. In der Schrift „sur les secours publics" wiederholt er diese Forderung und constatirt in einer späteren Anmerkung mit Befriedigung, dass Pinel und Pussin*) in dem seither erschienenen Werke des Ersteren sich dieser Anschauung anschlossen. — Nur zur Vervollständigung der Characteristik führen wir Cabanis' Ideen zur Armenpflege an, welche wie alle seine Schriften den Geist echter Humanität athmen. Er will vor Allem Beschäftigung für die Armen, eine Organisation der Arbeit nicht in grossen Nationalwerkstätten, sondern in grossen Arbeiten auf öffentliche Kosten, die aber an Privatunternehmer zu vergeben seien, Einführung eines Lohnsystems, welches den Arbeitern die allmälige Anlage einer Rente gestatte, Anspornung des persönlichen Interesses. Die bisherigen Massengefängnisse will Cabanis als Herde sittlicher Corruption und ansteckender Krankeiten durch die Isolirhaft nach dem damals erst von wenigen englischen und americanischen Anstalten befolgten Muster ersetzt wissen. Dieselbe solle mit gewerblicher Arbeit verbunden werden und die Gefängnissarbeit die Kosten der Verwaltung decken und zugleich zur Hebung der Industrie beitragen. Es sind dies Alles Anregungen, welche erst in der neueren Socialpolitik der europäischen Staaten wieder hervorgetreten sind, damals in den Stürmen der Revolution aber grossentheils verweht wurden. Sehr bezeichnend für die Illusionen, denen man sich in der ersten Zeit derselben hingab, ist die in der letztgenannten Schrift von Cabanis ausgesprochene Ansicht, dass die republi-

---

*) Pussin war nicht Arzt, sondern Oberaufseher der Irrenanstalt zu Bicêtre und später der Salpêtrière, dessen Scharfblick und humanen Sinn Pinel im hohen Grade rühmt (Traité sur l'alién. mentale, II. Ed., Par. 1809. Introduction Pag. XXIX).

kanischen Einrichtungen zur Abnahme der Zahl der Irren beitragen würden, weil „die Gesellschaft den Menschen nicht mehr niederdrücke, seine Thätigkeit nicht hemme, seine Gefühle nicht tyrannisch beschränke*)." Später kam er wohl von dieser Hoffnung zurück; wir schliessen dies daraus, dass er mehrere Jahre darauf die Melancholie und den frühen Tod seines Freundes Vicq-d'Azyr dem psychischen Einfluss der Schreckenszeit zuschrieb.

III.

Den speciell medicinischen Arbeiten Cabanis dürfte von allen seinen Schriften der geringste Werth beizulegen sein. Die noch sehr geringen Fortschritte der physiologischen Pathologie liessen die damaligen Aerzte noch viel zu sehr zwischen den verschiedenen alten Systemen der Humoral- und Solidarpathologie schwanken, daneben auch die einzelnen Krankheiten zuweilen als Wesen für sich [ontologische Richtung] zuweilen als Erkrankungen der einzelnen Organe ansehen. Aehnliches Schwanken der allgemein pathologischen Auffassungen sehen wir auch bei Cabanis, auf dessen Anschauungen überdies die Bordeusche Lehre von der leitenden Rolle des Nervensystems in sämmtlichen Krankheiten von Einfluss war. Beachtung verdient jedoch das Wenige, was in diesem Gebiete von Cabanis vorhanden ist, in practischer Beziehung, wie ja überhaupt der ungünstige Stand der theoretischen Medicin im vorigen Jahrhundert die damaligen Aerzte nicht hinderte, in mancher Beziehung treffliche Practiker zu sein. Das „Journal de la maladie et de

---

*) Pinel schreibt der Revolution im Gegentheil mit Recht die grosse Vermehrung der Zahl der Irren zu. Ebendas. Pag. XXX.

la mort de Mirabeau" giebt einen sehr eingehenden aber ohne specielle Erörterung der damaligen Behandlungsmethoden nicht recht verständlichen Bericht über die letzte Krankheit des grossen Volksmanns, der an acuter Exacerbation alter Verdauungsstörungen, mit denen sich Störungen des Circulationsapparates complicirten, gestorben zu sein scheint. Rührend ist die Aufopferung und Liebe, mit welcher Cabanis die letzten Tage und Nächte mit Lamarck und Frochard am Bette Mirabeaus wachte und die kleinsten Symptome während des Verlaufes der Krankheit verfolgte, der tiefe Schmerz, der aus jeder Zeile des Berichtes spricht und der edle Freundeseifer, mit welchem Cabanis den Toten sowohl gegen den Vorwurf hässlicher Ausschweifungen als auch unlauterer Beziehungen zum Hofe vertheidigt; doch muss er in ersterer Beziehung zugeben, dass Mirabeau im Essen und Trinken wiederholt schwere Diätfehler begangen habe. Die kleine Note „sur un genre particulier d'apoplexie" ist ohne Bedeutung. Von Interesse dagegen ist die Abhandlung „Courtes observations sur les affections catarrhales et particulièrement sur celles qui sont connues sous le nom de rhumes de cerveau et de rhumes de poitrine." Cabanis schliesst sich mit dem Namen „rhumes de cerveau" keineswegs etwa der abenteuerlichen alten Anschauung von Schleimflüssen des Gehirns an, er weiss sehr wohl, dass die Erscheinungen von Seiten der Kopfnerven beim Schnupfen von der Fortleitung der Entzündung auf die Schleimhautbekleidung der sinus frontales herrühren, sondern er gebraucht eben die hergebrachten Bezeichnungen für die Catarrhe der Nase und des Athmungtractes. Diese Abhandlung zeichnet sich durch eine äusserst aufmerksame Symptomatologie, eine sorgfältige Beschreibung der verschiedenen Sputa und eine gute Kennzeichnung der Beziehungen der Catarrhe zur Phthise und der auf den Beginn der letzteren bei jungen Leuten hinweisenden Symptome aus; auch betont er die Beziehungen solcher Catarrhe zu verschiedenen Formen der Pleuritis und Pneumonie, oder nach damaligem Sprachgebrauch zur Peripneumonie. Das Interessanteste der Abhandlung erblicken wir darin, dass Cabanis, indem er den eigenthümlichen Geruch der Nasensecrete beim Schnupfen erwähnt, den infectiösen und contagiösen Character desselben behauptet, ebenso wie nach seiner Ansicht die Dysenterie und der Blasencatarrh infectiöser Natur seien, Ansichten, welche fast ein Jahrhundert geruht haben, bis sie durch die bacteriologischen Forschungen der Gegenwart eine erfahrungsmässige Unterlage erhielten. Was den Schnupfen betrifft, so bricht sich die Meinung von seinem infectiösen Character erst in der allerjüngsten Zeit Bahn; wenigstens hat Verfasser dieselbe mit einiger Bestimmtheit erst in dem jüngsten Lehrbuch der speciellen Pathologie und Therapie, dem von Jürgensen [Leipzig, 1886, Seite 464] ausgesprochen gefunden; seither will man ja bekanntlich auch bereits den Microben des Schnupfens entdeckt haben. Die erwähnte Ansicht Cabanis' ist kein blosses Aperçu; denn seine Behandlung des Schnupfenfiebers, die entschiedene Betonung der Diät bei derselben, die Anwendung der Schwefelpräparate, der Benzoë zeigen, dass er die Krankeit als eine Allgemeinerkrankung ansah. Beachtenswerte ärztliche Bemerkungen sind auch die folgenden: „Die heftigen Schnupfencatarrhe verdienen immer Aufmerksamkeit, namentlich bei Personen, deren Brust schwach ist, welche unvollkommen verdauen, oder welche plötzlichen Unterdrückungen der Schweisse, Anschwellungen der Drüsen, rheumatischen und gichtischen Schmerzen ausgesetzt sind. Bei Greisen sind sie beinahe immer ernst oder mindestens bedrohlich; vielleicht die Hälfte der zu hohem Alter gelangten Personen gehen an hartnäckigen und vernachlässigten Catarrhen zu Grunde." Zur Prophylaxe des Schnupfenfiebers empfiehlt er Regelung der Verdauung, Unterhaltung des Schweisses in mässigem Grade, Pflege der Haut durch warme, trockene Abreibung, nicht zu frühes Anlegen und Ablegen der Winterkleider; er erklärt sich ferner gegen übertriebene Abhärtung der Kinder, namentlich im zartesten Alter, was gegen den „Emile" Rousseaus gerichtet ist, den Cabanis im Uebrigen sehr hoch schätzt.

Ein besonderes Interesse beansprucht noch die kleine Arbeit „Sur le supplice de la guillotine". Obschon auch Cabanis kein Freund dieser Hinrichtungsart war, hielt er sich doch für verpflichtet im Interesse der Wahrheit der Ansicht Oelsners und Soemmerings entgegenzutreten, welche im abgeschnittenen Kopf das Bewusstsein erhalten glaubten und ebenso derjenigen von Sue, welcher beide Theile, Kopf und Rumpf als nach der Hinrichtung fortlebend ansah. Jene stützten sich auf die noch längere Zeit fortdauernden Bewegungen der Kau- und Augenmuskeln, welche das Gesicht der Gerichteten so schrecklich entstellten. Namentlich beriefen sie sich auf den Fall der Charlotte Corday, von welcher erzählt wurde, dass, als der rohe Henker, indem er den Kopf der Enthaupteten dem Volke zeigte, demselben einen Backenstreich gab, das Gesicht erröthete. Sie sahen darin eine moralische Bewegung, welche nur bei vollem Bewusstsein möglich sei. Cabanis macht dem gegenüber die fundamentale und durch die neuere Physiologie bestätigte Bemerkung, dass Bewegung vom Bewusstsein völlig unabhängig sein könne; er weist auf die Thatsache hin, dass bei Paralytikern in Theilen, deren Sensibilität gänzlich erloschen, die Beweglichkeit vollkommen erhalten sein könne, ferner auf die Krämpfe der Epileptischen, während welcher das Bewusstsein zeitweilig völlig aufgehoben sei. Die Guillotine wirke, wie Versuche an Leichen in Bicêtre dargethan hätten, blitzähnlich. Den Vorgang bei der Hinrichtung der Charlotte Corday glaubt Cabanis überhaupt nicht; ärztliche Augenzeugen hätten zwar die bewundernswerte Ruhe jenes merkwürdigen Mädchens beobachtet, von jenem Erröten nach der Enthauptung jedoch nichts gesehen. In Teilen, welche einmal vom Centrum des Bewusstseins losgetrennt seien, könne kein Bewusstsein erhalten sein. Cabanis widerlegt auch die Ansicht Sue's von der erhaltenen Sensibilität amputirter Glieder; dieselbe sitze lediglich im Centralorgan, welches sie an den Ort der verlorenen Extremität localisire. Cabanis verweist schliesslich auf die Bedeutung des verlängerten Marks und des Halsmarks für die Lebensfunctionen und sieht als Hauptursache des Todes bei der Enthauptung die Anämie des Gehirns und des verlängerten Markes, die noch fortdauernden Muskelbewegungen als blosse Reste der Irritabilität und des Lebens an. Diese Ansichten Cabanis' decken sich merkwürdig mit neueren Untersuchungen über das Atmungscentrum in der medulla oblongata. Landois erwähnt in seinem Artikel über Dyspnoe im fünften Bande der Eulenburg'schen Realencyclopädie der gesammten Heilkunde. 2. Auflage 1868. S. 497, dass man die den Tod durch Verblutung oder nach Unterbindung der Carotiden und der Subclaviae einleitenden schnappenden Inspirationsbewegungen auch am abgeschnittenen Kopfe, zumal bei jungen Thieren beobachten könne; hier bewirkt das dem Kopfe verbliebene in Folge der Enthauptung blutleer gewordene Atmungscentrum die schnappenden Atembewegungen der Gesichtsmuskeln.

IV.

Mit der zuletzt besprochenen Abhandlung haben wir den geeigneten Uebergang zu den allgemein biologischen und philosophischen Anschauungen Cabanis' gewonnen, wie sie vornehmlich in seinem Hauptwerke den „Rapports du physique et du moral de l'homme, niedergelegt sind, welche man aber durch andere Stellen seiner Schriften sich zuweilen ergänzen muss, während die im Nachlass enthaltene philosophische Abhandlung „Lettre sur les causes premières" eine ganz besondere Stellung einnimmt. Der Versuch, welcher in dem erstgenannten, grösseren Werke gemacht ist, die gesammten geistigen Phänomene auf körperliche Ursachen und vor Allem auf die Empfindungen zurückzuführen, ist weder der einzige noch der erste seiner Art im achtzehnten Jahrhundert. Vielmehr waren derartige Unternehmungen eine ganz natürliche Folge des Locke'schen Sensualismus. Der Erste, welcher den Versuch machte die seelischen Vorgänge anatomisch und physiologisch lediglich aus körperlichen Zuständen und vornehmlich, aber keineswegs ausschliesslich aus der Thätigkeit des Gehirns zu erklären, war, wie Friedrich Albert Lange in seiner

Geschichte des Materialismus zuerst gründlich nachgewiesen hat, der Arzt La mettrie, der eigentliche Begründer des neueren Materialismus, ein Schüler Boerhaaves und genauer Kenner der Arbeiten von Willis über das Gehirn. Ihm folgte später der deutsche Baron Holbach, der eigentlich systematische Kopf der französischen Encyclopädie mit seinem „Système de la nature, 1770": ein letzter auf materialistischer Basis ruhender Versuch in dieser Richtung vor Cabanis wurde 1775 gemacht in einem dreibändigen Werke: „De l'homme ou principes de l'influence de l'âme sur le corps et du corps sur l'âme 3 vol. in 12, Amsterdam 1775 par J. P. Marat, docteur en médecine". Der Verfasser ist kein anderer als der nachmals so berüchtigte Schreckensmann der Revolution. Das Buch ist sehr wenig bekannt, selbst die bibliographisch sonst so genaue Geschichte der Philosophie von Ueberweg erwähnt dasselbe nicht. Indessen hat Lamettrie, dessen „Histoire naturelle de l'âme" schon 1745, dessen „l'homme-machine" 1748 erschien, bloss die allgemeinen Grundlagen einer physischen Psychologie, zum Theil in noch sehr unreifer Form gegeben, Holbach sich vorwiegend auf die Beseitigung des Uebersinnlichen und Teleologischen in der Natur — „Es giebt keine Ordnung und Unordnung in der Natur" — beschränkt. Marat's Buch ist uns nicht bekannt, allein Cerise und Taine, welche dasselbe erwähnen, sprechen demselben jeden wissenschaftlichen Wert ab. Es ist auch wohl verständlich, dass bis auf Cabanis nichts Verdienstliches auf diesem Gebiete geleistet wurde; denn zwischen Lamettrie und ihm liegen erst die grundlegenden Forschungen Hallers und Morgagnis im Felde der Physiologie und der pathologischen Anatomie, als deren genauer Kenner, wie der gesammten medicinischen Literatur seiner Zeit, Cabanis in allen seinen Schriften sich ausweist. Auf Cabanis sind von Neueren auch besonders der gelehrte, scharfsinnige, aber mystisch angehauchte Bonnet „Considérations sur les opérations de l'âme", 1748 und „Les facultés de l'âme", 1760 und Condillac mit seinem „Traité des sensations", 1754, von Einfluss gewesen.

Mit seinem Buche über die Beziehungen des Physischen und Geistigen ist der erste wissenschaftlich bedeutsame Versuch einer physiologischen Psychologie und allgemeinen Anthropologie gemacht, welcher, wenn ihm auch im Sinn der heutigen Wissenschaft noch schwere Mängel anhaften, immerhin auch heute noch beachtenswert ist. Wir betonen die Bezeichnung seines Werkes als einer physiologischen Psychologie, weil es bisher vorwiegend als Stütze der materialistischen Weltansicht betrachtet und mit Lamettrie in eine Linie gestellt worden ist, während Cabanis auf die Beleuchtung der tatsächlichen Phänomene das Hauptgewicht legt, mit einem entscheidenden Urtheil in den grossen Grundfragen der Philosophie jedoch überall vorsichtig zurückhält. Es dürfte dies aus der Wiedergabe der wichtigsten Gedanken desselben genügend erhellen. Der Plan des Werkes ist der folgende: Nach einer geschichtlichen Uebersicht der psychologischen Untersuchungen vom Alterthum bis auf Bordeu und Bonnet, sucht Cabanis eine „physiologische Geschichte der Empfindungen" zu geben, indem er in besonderen Abschnitten den Einfluss der Lebensalter, der Geschlechter, der Temperamente, der Krankheiten, der Lebensweise und der Klimate auf die Bildung der

Ideen und der Gemüthsstimmungen (Affections morales) beleuchtet. Dann folgen Betrachtungen über das thierische Leben, Instinkt, Sympathie, Schlaf und Delirium; über den Einfluss des Geistigen auf das Physische; den Abschluss bildet ein sehr inhaltreiches Capitel über „Erworbene Temperamente".

Cabanis leitet seine Untersuchungen mit einer dringlichen Empfehlung des Studiums der Physiologie ein, welche sowohl für eine rationelle Philosophie, als auch für eine naturgemässe Vervollkommnung des Menschen die Grundlage bilden müsse. Er baut, indem er an Locke, Bonnet, Condillac, Helvetius anknüpft, das ganze geistige Leben auf zwei Hauptsätzen der Philosophie des 18. Jahrhunderts auf: Die Ideen haben ihren Ursprung in der physischen Sinnlichkeit und: die Lebensbewegungen sind das Product der Hirnimpulse auf die von den sensibeln Teilen empfangenen Eindrücke. (Pag. 93.) Allein nicht nur die Ideen, sondern die gesammte Lebensthätigkeit führt Cabanis auf die Sensibilität und damit auf das Nervensystem zurück. Auch die vegetativen, unbewussten Vorgänge, wie die der Secretion, des Blutumlaufs und der Darmbewegung, „welche sich unbewusst durch gewisse tonische, denen der Muskeln ähnliche Bewegungen vollziehen" seien nervösen Ursprungs; Cabanis nimmt daher auch eine innere Wahrnehmung durch Impulse, welche von diesen Organen ausgehen, an. Er formulirt*) die Gesetze der Sensibilität zu folgenden Sätzen: „1. Dass die Nerven die Organe der Sensibilität sind; 2. dass die Sensibilität allein abhängt von der sich in uns vollziehenden Wahrnehmung der Existenz unserer eigenen

---

*) Pag. 99.

Organe und der äusseren Objecte; 3. dass alle willkürlichen Bewegungen sich vollziehen, nicht allein gemäss diesen Wahrnehmungen und den Urtheilen, welche wir daraus ziehen, sondern auch dass die Bewegungsorgane, den Empfindungsorganen unterworfen, von diesen belebt und geleitet werden; 4. dass alle vom Willen unabhängigen Bewegungen, diejenigen, von denen wir kein Bewusstsein, von denen wir auch keine Vorstellung (notion) haben, mit einem Wort, alle Bewegungen welche den Functionen der thierischen Oeconomie angehören, von Eindrücken abhängen, welche von den verschiedenen Theilen empfangen werden, aus denen diese Organe zusammengesetzt sind."

Cabanis will in der principiell wichtigen und in der Wissenschaft so folgenreich gewordenen Unterscheidung Hallers zwischen Irritabilität und Sensibilität nur einen leeren Wortstreit sehen. Diese besteht bekanntlich darin, dass Haller die eigentlich erst von ihm entdeckte Eigenschaft der primitiven Muskelfaser sich auf einen ihr auch nicht vom Nervensystem übermittelten Reiz zusammenzuziehen, eine Eigenschaft, welche man später als eine Lebenseigenschaft der Zellen im Allgemeinen statuirt hat, „Irritabilität" nennt und streng von der „Sensibilität" als derjenigen Eigenschaft des Organismus, vermöge deren derselbe ihm durch das Nervensystem von aussen zugehende Reize zu empfinden vermag, sondert. Cabanis sieht nämlich die Verzweigung von Nervenfasern im Muskel als die Ursache der Irritabilität desselben an. Hier hat offenbar wie in vielen anderen Punkten der neurophysiologische Standpunkt Bordeus, Bonnets und der Schule von Montpellier Cabanis gegen die unzweifelhaft richtige

Anschauung Hallers eingenommen Im Uebrigen constatirt er mit Haller, dass die Nerven selbst sich nicht bewegen, stellt aber bereits den Satz auf, dass die Fortleitung des Reizes im Nerven in einer molecularen Bewegung seiner kleinsten Teilchen bestehen müsse, von der er hofft, dass es noch gelingen werde, sie mit den allgemeinen Bewegungsgesetzen in Einklang zu bringen.

Sind Hirn, verlängertes Mark, Rückenmark Organe und Uebermittler der Empfindung, so ist das Gehirn, nicht das peripherische Ende des Nerven, Sitz der Empfindung und Ausgangspunkt der Bewegung. Cabanis stützt sich dafür auch auf die Thatsache, dass in vielen Fällen geistiger Störung die Section erhebliche Veränderungen der Hirnsubstanz dargethan habe. Er hält die Ansicht, dass jeder Geistesstörung pathologische Veränderungen des Hirns entsprechen müssten, selbst gegen Pinel aufrecht, welcher gesagt hatte, dass das Fehlen pathologischer Veränderungen an den Gehirnen verstorbener Irren gegen jene Ansicht spreche; Cabanis hält dem entgegen, dass bei grösserer Vervollkommnung der Untersuchungsmethoden solche Veränderungen gewiss immer würden bemerkt werden und er verweist hiefür auf die zahlreichen positiven Resultate Morgagnis. Bei Blödsinnigen habe sich oft eine gewisse Weichheit, bei Maniakalischen eine abnorme Härte der Hirnsubstanz gefunden, in anderen Fällen, bei Personen, welche von minder heftigen Delirien befallen waren, sei das Gehirn von sehr ungleicher Festigkeit, an einigen Stellen trocken und hart, an anderen feucht und weich gewesen. (Pag. 86.) Ferner weist Cabanis darauf hin, dass bei bestimmten Krankheiten der Brust- und Unterleibsorgane sich zuweilen geistige Störungen einstellten; auch behandelt er sehr eingehend die fast unvermittelten Veränderungen im Vorstellungs- und Gefühlsleben beider Geschlechter während der Pubertät, welche genau mit der in dieser Zeit gesteigerten Entwickelung der Sexualorgane einhergehe. Aus diesen Thatsachen zieht er den Schluss, dass auch die Eingeweide in besonderer Beziehung zum Hirn stehen.

In Bezug auf den Charakter und Inhalt der Eindrücke ist Cabanis nicht Nativist. Er glaubt einerseits nicht, dass unsere Vorstellungen fertig im Bewusstsein vorlägen, vielmehr dass die Sinne erst allmälig durch die Differenziirung der Eindrücke erzogen werden, sondern er ist auch der Ansicht, dass diese Erziehung schon beim Embryo beginne. Nur habe der Embryo keine äusseren, sondern bloss innere Eindrücke. Gesicht, Gehör, Geruch, Geschmack seien noch in einem Zustande der Erstarrung (engourdissement), der Tastsinn aber und dessen Eindrücken entsprechend der Bewegungstrieb schon thätig. Die Kindsbewegungen im Mutterleibe seien dem Bedürfniss des Embryo die Glieder zu gebrauchen, welches sich gegen Ende der Schwangerschaft entwickle, zuzuschreiben. Die Veranlassung zum Geburtsact erklärt sich Cabanis dann folgendermassen: „Die Lunge des Embryo hat eine gewisse Entwicklung erreicht, die Quantität des ihm von der Mutter im Blute der Nabelvene zugeführten Sauerstoffs genügt ihm nicht mehr, er braucht Luft, er sucht sie mit der Gier des Bedürfnisses. Diese Umstände, verbunden mit der Ausdehnung des Uterus, dessen Fasern bald nicht mehr Stand halten können, und mit dem besonderen Zustand, in welchem sich die Endigungen seiner Gefässe befinden, welche mit den Zotten der Placenta communiciren, sind die wahre bestimmende Ursache der Geburt." Auch die Temperamente sucht Cabanis rein physiologisch durch die besondere Eigenart der Organe, des Blutes, durch den höheren oder niedern Grad der Empfänglichkeit des Individuums zu erklären, wobei er sich im Wesentlichen Haller anschliesst, aber selbständig eine neue Classification der Temperamente vorschlägt, welche er anstatt der auf die „Mischung der Säfte" gegründeten Einteilung der Alten auf physiologische Merkmale gründen will.

So sehen wir Cabanis bemüht allen psychischen Erscheinungen — denn unter „le moral" meint er psychische Phänomene jeder Art — eine physiologische Grundlage zu geben, jeden derselben als an einen körperlichen Vorgang geknüpft darzustellen. Wer diese seine Grundanschauung kennt, für den muss auch jenes vielberufene Secretionsgleichniss, welches übrigens auch Friedrich Albert Lange nicht genügte um Cabanis zu einem Materialisten zu stempeln, den crassen Character verlieren, welchen es haben kann, wenn man es ausserhalb des Zusammenhangs liest. Wir wollen die berühmte Aeusserung hier einmal im vollen Wortlaut folgen lassen: „Um sich, schreibt Cabanis (Pag. 122) eine richtige Idee von den Operationen zu machen, aus denen der Gedanke hervorgeht, muss man das Gehirn als ein besonderes zu seiner Hervorbringung eigens bestimmtes Organ ansehen, gerade wie den Magen und die Därme um die Verdauung zu bewirken, die Leber die Galle zu filtriren, die Parotiden und die maxillären und sublingualen Drüsen um die Speichelsäfte vorzubereiten. Die Eindrücke, indem sie zum Gehirn gelangen, versetzen es in Thätigkeit, wie die

Nahrungsmittel, indem sie in den Magen fallen, denselben zu einer reichlicheren Secretion des Magensaftes, und zu Bewegungen anregen, welche deren Auflösung erleichtern. Die besondere Function des Hirns ist die jeden einzelnen Eindruck aufzufassen, Zeichen damit zu verbinden, die verschiedenen Eindrücke zu combiniren, sie unter einander zu vergleichen, Urtheile und Entschlüsse daraus zu ziehen, wie die Function des Magens es ist auf die Nahrungsstoffe zu wirken, deren Gegenwart ihn reizt, sie aufzulösen und unserem Organismus zu assimiliren".

Diese Sätze enthalten kaum etwas, was nicht jeder moderne Physiologe gesagt haben könnte; vor Allem ist von einer Auffassung der Gedanken als einer materiellen Ausscheidung des Gehirns nach Art des Secrets der Nieren oder der Leber keine Rede, wogegen wir den Verfasser nicht etwa wegen des Unästhetischen eines solchen Vergleiches in Schutz nehmen, sondern weil eine derartige grob sinnliche Auffassung der Hirntätigkeit für einen naturwissenschaftlich Denkenden nur kindisch und lächerlich wäre. Die Anschauung von Cabanis erhält indes noch eine ganz andere Beleuchtung, wenn man in Betracht zieht, dass, wie wir schon andeuteten, in seiner ganzen Auffassung der Lebenstätigkeit die Präponderanz des Nervensystems, gemäss den Ansichten Bordeus, welchem hierin die Deutschen Friedrich Hoffman und Unzer[*]) bereits theilweise vorangegangen waren, eine bedeutende Rolle spielte. Schon aus diesem Grunde konnte für Cabanis in den

---

[*]) Unzer, gest. 1799, behauptete als der Erste den Unterschied centripetal vom Hirn und centrifugal zum Hirn leitender Nervenfäden. Wunderlich, Gesch. der Medic., S. 197.

Functionen des Magens und des Gehirns, welche Beide zum Nervensystem in Beziehung stehen mussten, kein fundamentaler Unterschied liegen. „Kann man sagen", fragt er weiter, „dass die organischen Bewegungen, durch welche die Functionen des Gehirns, sich vollziehen, uns unbekannt sind? Aber die Action, durch welche die Magennerven die verschiedenen Operationen der Verdauung bestimmen, die Art und Weise, wie sie dem Magensaft die wirksamste Auflösungskraft geben, entziehen sich unseren Untersuchungen nicht minder. Wir sehen die in dieses Organ gelangten Nahrungsmittel mit neuen Eigenschaften: und wir schliessen, dass es sie diese Veränderung hat erleiden lassen. Wir sehen ebenso die Eindrücke durch Vermittlung der Nerven zum Hirn gelangen: sie sind dann noch isolirt und zusammenhangslos. Dieses Eingeweide tritt in Tätigkeit, es wirkt auf sie, und bald sendet es sie zurück, verwandelt in Ideen, welche die Sprache der Physiognomie und der Geberde, oder die Zeichen von Wort und Schrift, nach aussen kundgeben. Wir schliessen mit der gleichen Sicherheit, dass das Gehirn in gewissem Sinne (en quelque sorte) die Eindrücke verdaut, dass es auf organischem Wege die Secretion des Gedankens vollziehe, qu'il fait organiquement la sécretion de la pensée". Diese Sätze zeigen wohl deutlich genug, dass die „Secretion" hier in der That lediglich ein Gleichniss ist, allerdings nur zur Verständigung mit Denjenigen, welche für körperliche und psychische Vorgänge nur eine einzige organische Grundlage anerkennen können, was aber mit Materialismus keineswegs gleichbedeutend ist. Für Cabanis' Anschauung ist nichts bezeichnender als dass er auch Neubildungen wie die unter dem Namen der Teratome bekannten Ovariengeschwülste, welche mit Haaren und Zähnen ausgestattet sind, als „von Nerven belebt" ansieht und ihnen nur so lange Leben zuspricht, als sie mit dem Centralnervensystem in Verbindung stehen; nur so lange können sie ernährende Säfte aus dem Körper beziehen. (Pag 121.)

Im Einzelnen zeichnet sich Cabanis' Naturgeschichte der Empfindungen durch eine sehr sorgfältige Darstellung der Wahrnehmungsweise der einzelnen Sinne, durch eine makroskopisch nahezu vollständige anatomische Darstellung der Sinnesorgane, namentlich des Tast-, Geschmacks- und Geruchsorgans aus, endlich durch eine Fülle feiner psychologischer und klinischer Bemerkungen über einzelne Sinne, speciell über die Verschiedenheit des Gedächtnisses der einzelnen Sinne, wobei er Geschmack und Geruch sehr scharfsinnig von den übrigen Sinnen sondert. Er hebt ferner den Zusammenhang der Geruchsempfindungen mit den Functionen des Verdauungs- und des Geschlechtsapparats, sowie mit einzelnen vorübergehenden Geistesstörungen, wie bei den bekannten Geruchstäuschungen bei der Epilepsie hervor; die moderne Aufdeckung von Beziehungen verschiedener Neurosen zum Geruchsorgan hätte demnach in Cabanis einen Vorgänger gehabt. Er geht dabei trotzdem wie die heutige Physiologie mit überraschender Klarheit von der substantiellen Gleichheit der Nervenfasern im ganzen Körper aus und erklärt die Verschiedenheit der Sinneseindrücke genau im Sinne der von Johannes Müller später behaupteten **specifischen Energie der Sinnesnerven**. Er sagt (Pag. 147), die Nervenfäden böten weder dem Auge noch der chemischen Untersuchung irgend eine Verschiedenheit dar; „Alles führt uns dazu zu glauben, dass die Verschiedenheit der Eindrücke nicht auf der Verschiedenheit der Nerven, sondern der Organe, in welchen sie empfinden, auf der Art wie ihre Endigungen entfaltet sind, beruht, und darauf, wie die Ursachen der Eindrücke auf diese Endausbreitungen wirken."

Cabanis kennt auch aus eigenen Versuchen die Nachbilder des Gesichtssinnes, sowie die Nachklänge des Gehörs und er erklärt das Gedächtniss aus der Persistenz der Eindrücke im Gehirn, namentlich auch der sogenannten inneren Wahrnehmungen. Interessant ist es, dass er diese Annahme e contrario aus sogenannten Ausfallerscheinungen erklärt. In einzelnen Fällen von Geistesstörungen habe man erhebliche pathologische Veränderungen im Gehirn, sei es Veränderungen der Consistenz oder auch Fremdkörper, ausgebreitete lymphatische Ergüsse, gelatinöse Anhäufungen, Knochenauswüchse, Skirrhen, Versteinerungen gefunden, deren Anwesenheit alle jene Störungen verursacht habe. „In diesen Fällen, fährt er fort, wo die Beobachtung die Phänomene mit ihren Ursachen zu verknüpfen vermag, sehen wir klar, dass die im Schooss des sensitiven Organs empfangenen Eindrücke sich darin ebenso verhalten wie die Eindrücke, die ihm von aussen kommen; dass sie sich verstärken und durch ihre Dauer deutlicher werden; dass das Organ sie combinirt und vergleicht; dass es Urtheile und Willensbestimmungen daraus zieht, dass es den Muskeln kraft dieser selben Eindrücke Bewegungen aufträgt, welche man, da sie mit den Eindrücken der übrigen äusseren oder inneren Organe in keiner Beziehung stehen, lange übernatürlichen Ursachen zugeschrieben hat." So würden vielfach geistige Vorgänge durch innere Eindrücke hervorgerufen, welche ihrerseits nur selten von unmittelbar vorangegangenen äusseren Eindrücken hervorgegangen seien. Dies sei besonders die Eigenart der dichterischen und künstlerischen Einbildungskraft.

Dass Cabanis die ausnahmslose Abhängigkeit der Geistesstörungen von anatomischen Erkrankungen des Gehirns behauptet, haben wir schon erwähnt. Er gibt sogar an einer Stelle eine Uebersicht der möglichen Erkrankungen dieser Art und wir wollen dieselbe als einen Beleg der damaligen Kenntnisse über die pathologische Anatomie des Gehirns, wie sie namentlich durch Morgagnis Forschungen gestaltet waren, hier wiedergeben; sie lautet: „Wenn die Hirnmasse (pulpe cérébrale) mehr oder weniger fest ist als sie sein soll, wenn sie mehr oder weniger gefärbt ist, wenn ihre Gefässe sich in einem Zustande der Erschlaffung (affaissement) oder übermässiger Erweiterung befinden, wenn die Flüssigkeiten in denselben zu dick oder zu dünn sind, wenn sie träge oder scharf sind (acrimonieux, offenbar ein Rest Boerhaavescher Anschauung), dann geschehen die sensitiven Functionen nicht mehr in der gehörigen Ordnung. Bald findet man das Gehirn in einem Zustand besonderer Weichheit; es ist getränkt von Serositäten oder lymphatischen und gelatinösen Substanzen; seine Farbe ist trübe, es ist ein wenig gelblich; seine Gefässe, beinahe erschlafft, bieten in ihren Hauptstämmen kaum einige Spuren eines blassen und verarmten Blutes dar. Bald ist wiederum die Hirnmasse von einer festeren Consistenz als im natürlichen Zustand, seine Pulpa hat etwas Trockenes: sie ist bei der Berührung beinahe zerreiblich; oft sind dann ihre Gefässe mit einem lebhaft rothen Blute, zuweilen mit einem dicken, schwärzlichen und wie pechartigen Blute erfüllt. Zuweilen erkennt das Auge darin auch die Spuren einer wahren Entzündung: das heisst, dass nicht allein die Arterien und Venen lebhaft, die einen purpurroth, die anderen in einem mehr röthlichen Blau als sonst gezeichnet sind, sondern dass die weissen Membranen und die Pulpa selbst an verschiedenen Punkten mit einer blutigen Wolke gefleckt erscheinen. Endlich haben wir schon früher bemerkt, dass die Pulpa an verschiedenen Stellen von sehr ungleicher Consistenz sein und dass sich Fremdkörper verschiedener Art, Verknöcherungen, steinige Kerne, Knorpel, Skirrhen darin finden können." In dieser Darstellung wird man unschwer die wesentlichen Punkte auch der heutigen Anatomie des kranken Gehirns, sowohl seiner Häute als auch der Substanz wiederfinden. Will man aufrichtig sein, so wird man zugeben können, dass, etwa von der pathologischen Physiologie der Gefässerkrankungen abgesehen, unsere Kenntniss der pathologischen Hirnanatomie heute nicht viel grösser ist, und jedenfalls dass unsere klinische Deutung derselben, mit Ausnahme einiger bestimmter Herderkrankungen leider seit jener Zeit keine allzu erheblichen Fortschritte gemacht hat.

Die vorliegende Abhandlung ist hauptsächlich zu dem Zweck unternommen, um Cabanis einerseits als einen würdigen Nachfolger der Encyclopädisten, andererseits als einen der heutigen Naturforschung verwandten Geist zu kennzeichnen, nicht aber, um ein erschöpfendes Bild seines Wirkens zu geben. Wir müssen uns daher begnügen, aus dem Rest seines

Hauptwerks und den übrigen Schriften nur fragmentarisch noch einige in dieser Beziehung charakteristische Puncte hervorzuheben. Die wichtigsten psychischen Functionen der Menschen und Thiere finden im weiteren Verlauf der „Rapports du physique et du moral" eine natürlich nur dem damaligen Stande der Kenntnisse entsprechende Erklärung. Den Schlaf führt Cabanis auf einen mässigen Grad der Ermüdung des Gehirns zurück, infolge dessen durch Erschlaffung der Hirngefässe stärkerer Blutandrang im Hirn stattfinde, während gleichzeitig Puls und Athmung sich verlangsame; die Mutterliebe, den Instinct überhaupt, erklärt Cabanis als eine Folge vererbter, dem Willen entzogenen Eindrücke des inneren Sinnes, wobei er aber zugleich hervorhebt, dass die Erziehung der Instincte bei den einzelnen Thiergattungen gerade diejenigen Sinne bevorzuge, welche für dieselben besonders zum Lebensunterhalt wichtig seien, wie des Gesichtsinns bei den Vögeln, des Geruchs bei den Raubthieren. Ein grosses Capitel voll der treffendsten psychologischen Bemerkungen ist den „erworbenen Temperamenten" gewidmet, worunter Cabanis die typische Umformung der Charactere durch äussere Lebensverhältnisse versteht. Klima, Nahrungs- und Genussmittel, erregende und betäubende Getränke, Alter und Berufsarten werden in dieser Beziehung an der Hand der Reiseliteratur der Alten wie der Neueren, gründlich besprochen. So führt er eingehend aus, wie in den kalten Ländern durch das Klima und die Lebensweise die Muskelkraft gesteigert, die Sensibilität herabgesetzt werde, während es sich in den heissen umgekehrt verhalte; wie dort durch dieselben Ursachen die Bevorzugung der Alcoholica, hier der Narcotica bedingt sei, ja er trägt kein Bedenken, die Länder, welche zum eigenen Verbrauch feurigen Wein produciren und denselben mässig geniessen, wie Griechenland und Italien als die eigentlichen Länder eines glücklichen sanguinischen Temperaments und deshalb als die Träger einer so hohen Civilisation zu bezeichnen. Mildes Klima, heiterer Himmel, leicht strömende Gewässer, Reinheit der Atmosphäre entwickeln ausserdem die Reizempfindlichkeit der Nervenendigungen und erzeugen Leichtigkeit der Bewegungen; dies ist das „erworbene sanguinische Temperament" der classischen Völker. Lebhafte Wärme, jähe Aenderungen im Zustande der Luft, grosse Mannigfaltigkeit der umgebenden Gegenstände erzeugen das gallige Temperament; in der Mischung beider, dem gallig-sanguinischen sieht Cabanis das Temperament seiner eigenen Landsleute, welches deren ganze Geschichte bestimmt habe.

Auch der moderne Gedanke der **Entwicklung** kommt, angewandt auf die Verbesserungsfähigkeit der menschlichen Gattung, schon bei Cabanis zum Ausdruck. „Es würde, heisst es Pag. 264, wenig bedeuten, wenn die Hygiene sich darauf beschränken würde, für den einzelnen Menschen Lebensregeln zu geben; sie muss viel mehr wagen. Sie muss die menschliche Gattung als ein einziges Individuum betrachten, dessen physische Erziehung ihr anvertraut ist und welches die unendliche Dauer seines Daseins immer mehr einem vollendeten Typus anzunähern gestattet, von dem sein Urzustand noch keine Ahnung gab. Nachdem wir uns so eifrig mit den Mitteln beschäftigt haben die Racen der Thiere schöner und besser, die der Pflanzen angenehmer und nützlicher zu machen, nachdem wir hundertmal die der Hunde und Pferde umgemodelt, die Früchte und Blumen durch Umpflanzung, Pfropfung, Bearbeitung des Bodens verändert haben, ist es doch beschämend, die menschliche Race ganz zu vernachlässigen. Als ob es wichtiger wäre, grosse und starke Ochsen als starke und gesunde Menschen; wohlriechende Pfirsiche oder gefleckte Tulpen als weise und gute Bürger zu haben." Während aber hier bloss die Möglichkeit solcher Veränderung behauptet ist, leitet Cabanis an anderer Stelle das, was er erworbene Temperamente nennt, unmittelbar aus einer durch Jahrtausende fortgesetzten Entwicklung ab. Er spricht dort von dem Einfluss gelegentlicher Ursachen auf ein vorhandenes Temperament, und fügt hinzu: „Wir müssen ausserdem bemerken, dass wenn diese Ursachen nicht genügen um in entscheidender Weise auf die Individuen einzuwirken, sie nichtsdestoweniger einen mächtigen Einfluss auf die Racen üben. Denn feste und dauernde Ursachen wie es insbesondere das Klima ist, wirken unaufhörlich auf nach einander folgende Generationen und immer in derselben Richtung; und indem die Kinder von ihren Vätern die erworbenen Anlagen (dispositions) ebensowohl wie die angeborenen empfangen, ist es unmöglich, dass die Racen diesem Einfluss von Ursachen entgehen, welche während unbegrenzter Zeiträume thätig sind, wie schwach man auch ihre Wirkung in jedem einzelnen Augenblick veranschlagen möge."

Hier hat Cabanis einen Hauptsatz der Darwinschen Lehre bereits ausgesprochen, lange ehe sein berühmter Landsmann Lamarck in seiner „Philosophie zoologique" (1809) ein consequentes System der Umwandlung der Arten aufstellte. Dass Cabanis sich der Tragweite dieses Gedankens vollkommen bewusst war, geht aus den Schlüssen hervor, mit denen er Cuvier's paläontologische Entdeckungen, welche der damaligen Forschung einen ungeahnten Blick in die Urgeschichte eröffneten, begrüsste und mit denen er weit über dessen eigenen Gesichtskreis hinausging. In den Schlussabschnitten seines Werkes, worin er die Fragen der Urzeugung und der Entstehung des Menschen — übrigens immer noch verquickt mit recht phantastischen Vorstellungen — bespricht, sagt er: „Es ist durchaus nicht bewiesen, dass die Arten heute noch dieselben sind, wie zur Zeit ihrer ersten Bildung. Viele Thatsachen beweisen im Gegentheil, dass eine grosse Zahl der vollkommensten, das heisst der Organisation des Menschen am nächsten stehenden Racen das Gepräge des Klimas tragen, welche sie bewohnen, der Nahrungsmittel, welche sie geniessen, der Gewohnheiten, denen die Herrschaft des Menschen oder ihre Beziehungen mit anderen lebenden Wesen sie unterwerfen. Die Thatsachen beweisen ferner, dass die Thierracen gewisse zufällige Aenderungen erleiden können, deren Ursache man nicht genau bezeichnen kann, welche sie bald zufälligen Umständen, bald der Kunst und den Experimenten des Menschen verdanken, welche fähig sind sich in den Racen zu befestigen und bis zu den letzten Generationen fortzudauern. Die Tierreste, welche die Erde in ihrem Inneren birgt und deren lebende Verwandte (analogues) nicht mehr bestehen, müssen auf den Gedanken bringen, dass mehrere Racen erloschen sind, sei es durch die Umwälzungen, deren Spuren die Erde überall trägt, sei es durch die relativen Unvollkommenheiten einer Organisation, welche ihre Dauer nur in einem mässigen Grade garantirte, sei es endlich durch die langsamen Usurpationen der menschlichen Race." Sahen wir also in den ersten Sätzen die Veränderlichkeit der Arten behauptet, so finden wir hier die Principien der **Anpassung**, der Vererbung, des Kampfes ums Leben und des Ueberlebens der Tüchtigsten aufgestellt. So liessen sich noch manche Belege dafür bringen, wie Cabanis über wichtige Probleme, in denen seine Zeitgenossen noch völlig im Dunkeln tappten, richtigere Anschauungen besass, so behauptete er bereits, allerdings nach Lavoisier, aber unter den Aerzten sehr vereinzelt, das die Athmung der Quell der tierischen Wärme sei, dass die Pflanzen Kohlensäure ein- und Sauerstoff ausatmen, während die Thiere es umgekehrt thäten. Er kannte u. A., wie er überhaupt deutsche Arbeiten eifrig las, unmittelbar nach ihrem Erscheinen Humboldts Schrift über die gereizte Muskel- und Nervenfaser und verwertete sie in seinen Ausführungen über die allgemeinen Eigenschaften der Muskeln und Nerven.

Minder sicher war Cabanis in den allgemeinen Grundfragen der Physiologie, den Fragen nach der Existenz einer Lebenskraft, nach der Möglichkeit des Entstehens organischer Materie aus anorganischer, der Urzeugung u. a. Hier finden wir theils schwankende und abenteuerliche, theils direct einander widersprechende Angaben. Ebenso scheint sein Standpunkt in den Fragen metaphysischer Natur, nach der Existenz eines Urhebers der Dinge, nach einem Zweck der Welt, oder um den Sprachgebrauch der französischen Philosophie, den sie noch heute festhält, zu wahren, den Fragen über die ersten und letzten Ursachen causes premières und causes finales geschwankt zu haben. In seinem Hauptwerk jedenfalls erklärt er sich sowohl gegen die Annahme von Zweckursachen — wenn wir causes finales so übersetzen dürfen — als auch gegen das Grübeln nach einer ersten Ursache der Dinge. In der nachgelassenen Schrift „Ueber die ersten Ursachen" wird jedoch die Annahme eines allgemeinen lebenden Princips der Welt, welches sogar im einzelnen Individuum die physische Existenz desselben überdaure, als nicht gänzlich unhaltbar hingestellt. Obschon auch in dieser Schrift jede anthropomorphistische Religionsauffassung, jeder Zusammenhang mit bestehenden positiven Religionen von der Hand gewiesen wird, ist doch die ganze Auffassung in auffälligem Widerspruch mit den in den „Rapports du physique et du moral" entwickelten Ansichten, trotzdem auch diese nicht streng materialistisch sind. Diese Thatsache hat schon Lange*) zu der Bemerkung veranlasst, Cabanis sei zwar als Physiologe, nicht aber als Philosoph Materialist gewesen, während Ueberweg**) erklärt, Cabanis habe seine im Hauptwerk ausgesprochenen Ansichten in der nachgelassenen Schrift wesentlich eingeschränkt.

So sehen wir in der That sein philosophischen Charakterbild in der Geschichte schwanken. Während ein früher Uebersetzer des Werkes über die Beziehungen des Physischen zum Moralischen, ein Hallenser Professor der Philosophie, Jacob, im Jahre 1804 Cabanis' Materialismus zu widerlegen sucht und selbst ein Franzose, der Leiter der „Encyclopédie des sciences médicales", Bayle, im Jahre 1841 ihn

---

*) Geschichte des Materialismus, 2. Aufl., Bd. II., Pag. 69 u. 133 ff.

**) Überweg, Grundriss der Gesch. d. Philosophie, Bd. III, S. 357, 4. Aufl.

scharf tadelt, dass für ihn die geistigen und moralischen Phänomene das unmittelbare Product der Organisation und der Ernährungsfunctionen seien und dass er kein geistiges Princip daneben anerkennen wolle, während andererseits Schopenhauer unseren Cabanis wegen seiner dramatischen Schilderung unbewusster Willensphänomene bei Kindern zu einem Gewährsmann seiner Willenstheorie machen will (Welt als Wille und Vorstellung II, 237), glaubt der Verfasser des Artikels „Cabanis" in Dechambres „Dictionnaire des sciences médicales" (Paris 1869), Montanier, dessen Materialismus durch die Annahme retten zu sollen, dass der nachgelassene Brief über die ersten Ursachen unecht sei. Auch wir können dieser Annahme nicht alle Berechtigung absprechen; wenigstens fehlt dem Briefe in der Gesammtausgabe, welche sich überhaupt durch den Mangel aller chronologischen Angaben und literarischen Nachweise nachtheilig auszeichnet, jede Beglaubigung. Andererseits trägt der Brief doch deutlich die Kennzeichen von Cabanis' Stil, eine eigenthümliche Vereinigung schlicht gemütvoller und getragener Redeweise. Diese Eigenthümlichkeit veranlasst uns aber eine Vermutung aufzustellen, welche jene scheinbaren Widersprüche vielleicht zu lösen vermöchte. Das etwas weitschweifige, phrasenhafte Pathos des nachgelassenen Briefes trägt ganz das Gepräge der frühen Schriften von Cabanis aus den ersten Jahren der Revolution, in denen überhaupt dieser Stil vager Humanitäts-Phrasen üblich war. Wäre es nicht möglich, dass Cabanis jenen Brief vor seinem Hauptwerke schrieb, dass wir dieses nach wie vor als den letzten Ausdruck seiner Gedanken anzusehen hätten, während die „Lettre sur les causes premières" nie zur Veröffentlichung bestimmt war und uns jetzt nur eine vorübergehende Phase in den Ansichten Cabanis' offenbart?

Für uns steht diese Frage überhaupt in zweiter Reihe. Gleichgiltig, welchen Standpunkt Cabanis zu den unlösbaren letzten Fragen der Metaphysik eingenommen, für uns und für die Geschichte der Naturwissenschaften bleibt er als ein Schüler der Encyclopädie und der exacte Ergebnisse anstrebenden Schule von Montpellier, als Vorläufer der grossen französischen Aerzte im Anfang des neunzehnten Jahrhunderts eine bedeutsame Erscheinung. Obschon minder gross als Laplace, Lavoisier, Lagrange, Lamarck, verdient er doch einen Ehrenplatz in der Reihe der Denker, die an der Wende des Jahrhunderts inmitten einer der gewaltigsten Umwälzungen, welche die europäische Menschheit durchlebt hat, auch für die Naturwissenschaft eine neue und grosse Zeit eingeleitet haben.

THESEN:

1. Die vitalistische Anschauung spielt in der heutigen Medicin, obschon scheinbar aus der theoretischen Auffassung verdrängt, noch immer eine hervorragende Rolle.

2. Die Weismann-Nussbaum'sche Lehre von der Nichtvererbbarkeit erworbener Eigenschaften würde die Darwin'sche Lehre von der Entstehung der Arten durch Vererbung, Anpassung und natürliche Auslese gänzlich umstürzen; sie ist indess bis jetzt noch nicht überzeugend durch entwickelungsgeschichtliche und pathologische Thatsachen begründet.

3. Bei Complication von Herzkrankheiten mit schweren consumtiven Krankheiten ist die Oertel'sche Therapie nur mit grösster Vorsicht anzuwenden.

VITA.

Der Verfasser vorstehender Arbeit ist am 30. Mai 1849 zu Raudnitz in Böhmen als der Sohn eines Kaufmanns geboren, er erhielt seine elementare Schulbildung in der jüdischen Gemeindeschule seiner Vaterstadt, besuchte 1860 bis 1868 das deutsche Gymnasium zu Leitmeritz in Böhmen, erhielt im Juli 1868 das Zeugniss der Reife nach bestandener Maturitätsprüfung, und bezog im October des letztgenannten Jahres die Wiener Universität, um daselbst die Rechte zu studiren. Nach Ablegung der rechtshistorischen Staatsprüfung und Absolvirung des Quadrienniums verliess der Verfasser 1871 ohne weitere Examina das Rechtsstudium und ergriff, indem er in die Redaction der damals begründeten „Deutschen Zeitung" eintrat, den Beruf des politischen Journalisten, welchem er noch gegenwärtig angehört. 1874 übersiedelte er nach Berlin als Mitredacteur der Spenerschen Zeitung. Seit dem Eingehen derselben im Herbste jenes Jahres war er als ständiger Vertreter der „Neuen freien Presse" und als politischer und feuilletonistischer Mitarbeiter einer Anzahl deutscher Journale tätig. In den Jahren 1878 bis 1880 hörte er an der Berliner Universität mit Erlaubniss des Rectors bei Professor Wangerin Vorlesungen über Elemente der höheren Mathematik, später über Differential- und Integralrechnung, bei Professor Kummer Vorlesungen über analytische Mechanik. Im Wintersemester 1882 begann er an der Berliner Universität, ohne seine literarische Thätigkeit aufzugeben, das Studium der Medicin. Er hörte die Vorlesungen der Herren Professoren Reichert, A. W. Hofmann, Helmholtz, Du Bois-Reymond, Waldeyer, Hartmann, Leyden, Bardeleben, Virchow, Fräntzel, Hirschberg, Gusserow, Josef Meyer, Westphal, von Bergmann und Küster und practicirte in den Kliniken der Herren Bardeleben, Leyden, Hirschberg, Meyer und von Bergmann. Am 2. August 1884 legte er die ärztliche Vorprüfung, am 23. Juni 1886 das tentamen medicum, am 2. Juli 1886 das Rigorosum ab. Seinen obengenannten verehrten Lehrern und Herrn Geh. Rath Prof. Dr. Hirsch, der ihn bei vorliegender Arbeit freundlichst mit literarischen Hilfsmitteln unterstützte, spricht der Verfasser hier seinen aufrichtigen Dank aus.